Herbert Januschkowetz

Windspiele aus Holz

ENGLISCH VERLAG

Die Deutsche Bibliothek – CIP-Einheitsaufnahme
Windspiele aus Holz / Herbert Januschkowetz. – Wiesbaden: Englisch, 1998
ISBN 3-8241-0748-1

© by F. Englisch GmbH & Co Verlags-KG, Wiesbaden 1998
ISBN 3-8241-0748-1
Fotos: Frank Schuppelius
Herstellung: Michael Feuerer
Printed in Spain

Inhaltsverzeichnis

Vorwort

Windspiele aus Sperrholz stelle ich Ihnen in diesem Buch vor. – Spiele für den Wind, das sind diese Figuren wirklich, denn sie drehen nicht nur die Arme, die Flügel oder die Ohren, sondern sie drehen sich auch noch um sich selbst, wie ein Wetterhahn. Wenn der Wind so richtig pfeift, sind sie den ganzen Tag über in Bewegung. Besonders lustig sieht es aus, wenn sich alle Teile auf einmal drehen. Deshalb sollten Sie den Windspielen einen Platz geben, wo der Wind gut hinkommt, z. B. in Blumenkästen auf dem Balkon.

Der Material- und Werkzeugaufwand für diese lustigen Figuren ist relativ gering und mit der richtigen Farbe bemalt, sind die Figuren auch wetterfest. Groß und Klein werden ihre Freude daran haben.

Suchen Sie sich ein Modell aus und probieren Sie es einfach einmal!

Viel Spaß dabei wünscht

Herbert Januschkowetz

Material und Werkzeug

Zum Nacharbeiten der Windspiele benötigen Sie folgende Materialien:

◆ Sperrholz, 8 mm und 3 mm dick
◆ Buchenrundstäbe, 8 mm und 12 mm dick
◆ Vierkantleisten, 12–15 mm im Quadrat
◆ Nägel, 2 mm ∅ und mind. 40 mm Länge
◆ Walzenperlen oder kleine Glasperlen
◆ Vielzweckkleber für Verbindungen zwischen Metall und Holz
◆ glänzende Acrylfarben
◆ wasserfester Filzstift in Schwarz

Das Material erhalten Sie im Baumarkt, Farben und Perlen können Sie im Hobbyfachgeschäft kaufen.

Dieses Werkzeug sollten Sie sich bereitlegen:

◆ Handlaubsäge oder elektrische Dekupiersäge
◆ normale Laubsägeblätter für Holz
◆ Spiralbohrer, 2,2 mm und 2,5 mm ∅
◆ Forstnerbohrer, 12 mm
◆ kleine Vierkantfeile
◆ kleine Flachfeile
◆ elektrische Bohrmaschine
◆ Bohrständer für Bohrmaschine
◆ kleiner Schraubstock für Bohrständer
◆ Feinsäge
◆ Sägelade
◆ Kneifzange

Arbeitsanleitung

Übertragen der Vorlagen

Wenn Sie sich ein Modell ausgesucht haben, machen Sie vom Vorlagebogen eine Fotokopie. Nehmen Sie ein Blatt Paus- oder Kopierpapier und legen Sie es unter die Fotokopie. Das Ganze befestigen Sie mit Klebestreifen auf dem 8 mm dicken Sperrholz. Drücken Sie die Umrisse und die Innenlinien sowie eventuell den Mittelpunkt für die 12-mm-Bohrung für den Bolzen durch.

Bei den Modellen, an denen die Flügel seitlich befestigt werden, übertragen Sie die Mittellinie für die 2,2-mm-Bohrung zum Befestigen der Flügel. Machen Sie einfach einen Strich, ebenso bei der 2,5-mm-Bohrung für den Aufstellstab. Der Strich erleichtert Ihnen das Bohren, weil Sie sehen, dass Sie die Richtung halten. Manche Modelle haben eine Vorder- und eine Rückseite. Bei der Rückseite können Sie nach Ihrer Fantasie arbeiten, oder Sie machen Vorder- und Rückseite gleich. Wenn Sie das möchten, sägen Sie das Modell erst aus und entgraten es mit feinem Schleifpapier. Dann halten Sie die Kopie, von der Sie jetzt die Rückseite sehen, gegen das Licht und bringen die Umrisse zur Deckung. Nun ziehen Sie die Innenlinien auf der Kopie noch einmal nach.

Sägen, Bohren, Leimen

Je nach Modell bohren Sie jetzt die 12-mm-Bohrung für den Bolzen (Abb. 1 oder 2). Verwenden Sie ein Abfallbrett als Unterlage beim Bohren. Mit einem Forstnerbohrer ist das Risiko des Aussplitterns der Bohrung bei Ein- und Austritt am geringsten. Bohren Sie ein kleines Stückchen in das unterlegte Abfallbrett.

Bei den Modellen mit seitlicher 2,2-mm-Bohrung für die Flügel und dem 2,5-mm-Loch für den Aufstellstab spannen Sie das Modell in den kleinen Schraubstock und richten es nach dem Bohrer aus. Hier kommt Ihnen nun die angezeichnete Linie zu Hilfe.

Den Bolzen (Abb. 1 oder 2) schneiden Sie für das jeweilige Modell auf das entsprechende Maß in der Sägelade ab. Bei dem 35 mm langen Bolzen können Sie die 2,2-mm-Bohrung ganz durchbohren. Beim 50 mm langen Bolzen bohren Sie von zwei Seiten, ansonsten verläuft der Bohrer.

Für Modell 1, 4, 5

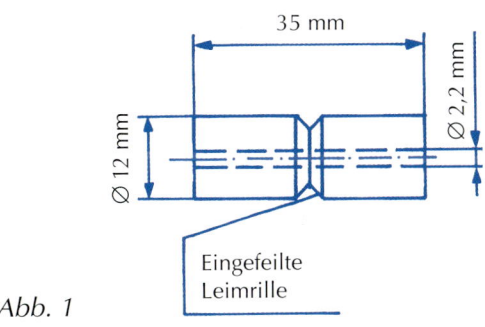

Abb. 1

Für Modell 2, 3, 6, 7, 8, 9, 15, 16, 18

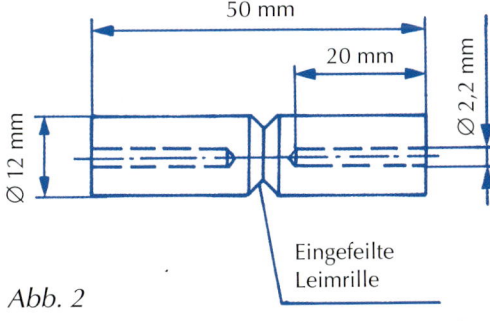

Abb. 2

Zeichnen Sie nun die Mitte der Bolzen-länge mit einem Bleistift an. Spannen Sie den Bolzen in das Bohrfutter der Bohrma-schine und feilen Sie mit der Vierkantfeile eine kleine Rille ein. Befestigen Sie vorher aber den Bohrständer mit einer Schraub-zwinge am Tisch. Durch den seitlichen Druck der Feile besteht die Gefahr des Umkippens. Füllen Sie die Rille mit etwas Holzleim auf und drehen Sie den Bolzen durch die Bohrung am Modell. So verteilt sich der Leim gleichmäßig in der Bohrung. Was überquillt, wischen Sie mit einem feuchten Lappen ab. Legen Sie das Modell zum Trocknen auf die Seite.

Für alle Modelle

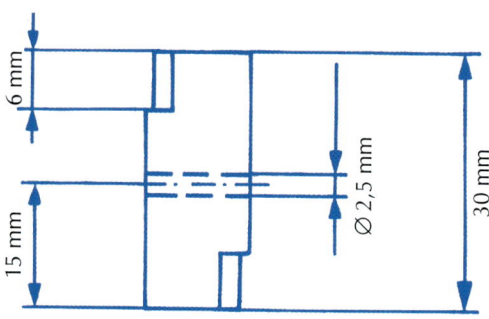

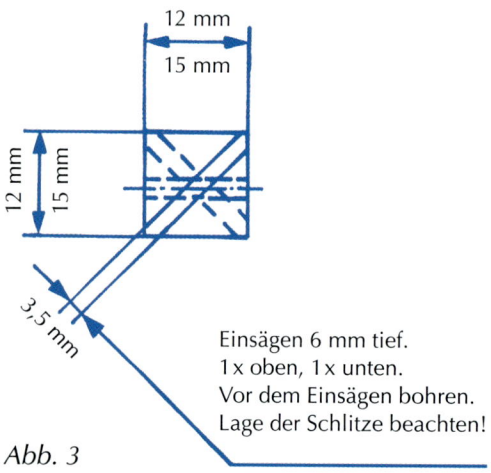

Einsägen 6 mm tief.
1x oben, 1x unten.
Vor dem Einsägen bohren.
Lage der Schlitze beachten!

Abb. 3

Fertigen Sie jetzt die Flügel an. Bei allen Zeichnungen auf dem Vorlagebogen sind die Flügel als direkte Ansicht gezeichnet, obwohl sie alle 45° schräg zueinander stehen. Drücken Sie die Umrisse der Flü-gel mit Kopierpapier auf das 3-mm-Sperr-holz durch und entgraten Sie mit feinem Schleifpapier die Kanten.

Schneiden Sie jetzt die Vierkantleisten auf 30 mm Länge in der Sägelade ab (Abb. 3). Bohren Sie in der Mitte ein Loch von 2,5 mm Durchmesser. Achten Sie darauf, dass die Bohrung genau in der Mitte liegt, sonst laufen die Flügel unrund oder gar nicht.

Gehen Sie nach der Zeichnung (Abb. 3 unten) vor und sägen Sie von oben und von unten, 45° gegeneinander versetzt, einen Schlitz von 3,5 mm Breite und 6 mm Tiefe ein. Um die Schlitzbreite von 3,5 mm zu erreichen, müssen Sie zwei Schnitte nebeneinander machen. In der Mitte bleibt dann ein Steg stehen. Um diesen zu entfernen, haben Sie zwei Möglichkeiten: Wenn die Säge gut ge-schränkt ist, können Sie nach Erreichen der Schlitztiefe das Sägeblatt mehrmals von beiden Seiten andrücken. Oder Sie schneiden den Steg mit der Laubsäge am Grund ab. Entgraten Sie die Teile mit fei-nem Schleifpapier.

Passen Sie jetzt die Flügel in den Schlitz ein. Ist der Schlitz zu eng, versuchen Sie es nicht mit Gewalt. Feilen Sie den Schlitz mit einer kleinen Flachfeile breiter. Ge-ben Sie wenig Holzleim in den Schlitz und drücken Sie die Flügel ein. Über-schüssigen Leim waschen Sie mit einem feuchten Lappen ab. Achten Sie unbedingt auf die Stellung der Flügel. Am besten können Sie sie auf den Fotos erkennen. Legen Sie die Teile zum Trocknen vorsich-tig zur Seite.

Bemalen

Vor dem Zusammenbau bemalen Sie den Modellkörper und die dazugehörigen Flügel. Verwenden Sie glänzende Acrylfarben. Sie sind sogar wetterfest. Außerdem decken sie recht gut, sodass sie nur wenige Stellen ein zweites Mal übermalen müssen.

Aber Achtung! Sobald Sie Farbflecken an der Kleidung haben, entfernen Sie diese sofort mit etwas Verdünnung. Wenn Sie längere Zeit warten, lassen sich die Flecken sehr schwer entfernen.

Bei verschiedenen Modellen sind die Augen usw. mit wasserfestem Filzstift aufgemalt. Wenn das Modell in der Sonne steht, bleichen die Linien nach einiger Zeit aus und verschwinden. Dann müssen die Striche nachgemalt werden. Das geht aber nur, wenn Sie das Modell nicht zusätzlich mit farblosem Lack überstrichen haben. Sämtliche Malhinweise finden Sie jeweils bei den entsprechenden Motiven.

Zusammenbau

Bei den Modellen mit Bolzen (Abb. 1 oder 2) verfahren Sie nach Abb. 4, bei Modellen mit seitlicher Bohrung nach Abb. 5. Für beides gilt: Nachdem Sie die 2 mm dicken Nägel mit der Kneifzange auf die entsprechende Länge gekürzt haben, machen Sie diese mit etwas Verdünnung fettfrei. Geben Sie etwas Vielzweckkleber auf die Bohrung und stupsen Sie den Nagel mit einer

Für Modell 1–9, 15, 16, 18

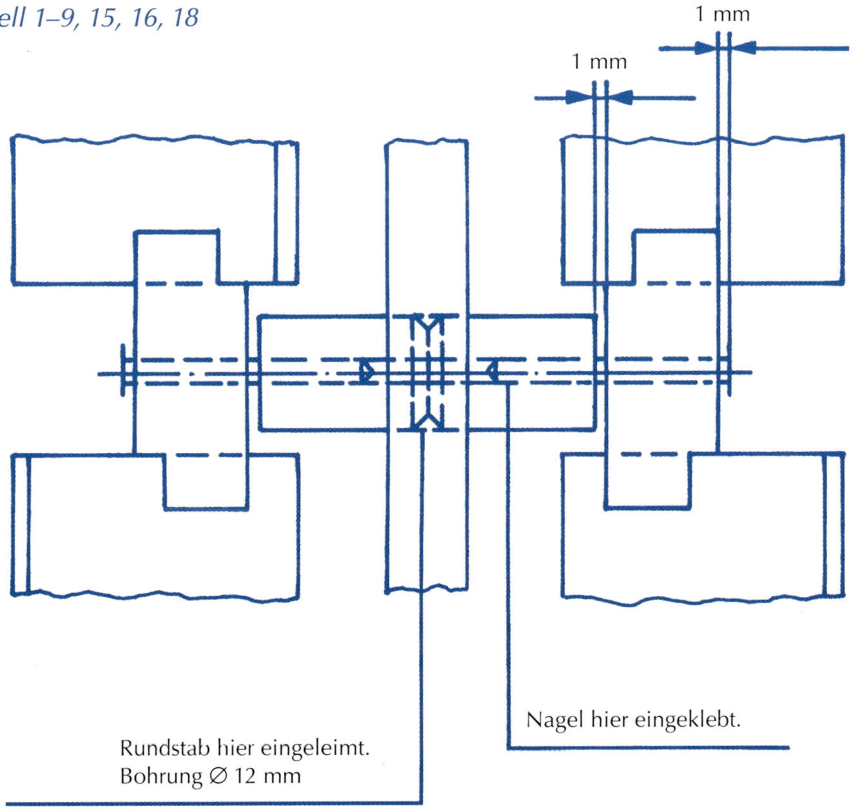

1 mm

1 mm

Nagel hier eingeklebt.

Rundstab hier eingeleimt.
Bohrung ⌀ 12 mm

Abb. 4

9

Für Modell 10–14, 17

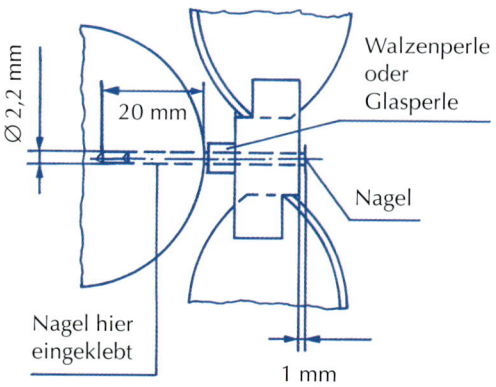

Ø 2,2 mm

20 mm

Walzenperle
oder
Glasperle

Nagel

Nagel hier
eingeklebt

1 mm

Abb. 5

Beim Aufstellstab bohren Sie die 2,2-mm-Bohrung für den Nagel nur so tief, dass der Nagel, wenn Sie den Kopf abgezwickt haben, noch 20 mm raussteht, wie auf Abb. 6 zu sehen ist. Auch diesen Nagel kleben Sie in die Bohrung mit Vielzweck-kleber ein.

Für alle Modelle

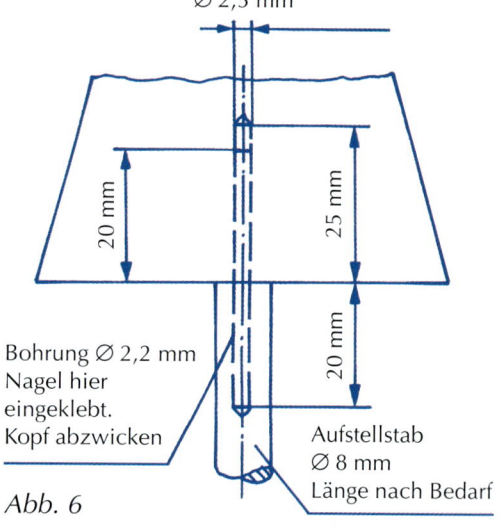

Ø 2,5 mm

20 mm

25 mm

20 mm

Bohrung Ø 2,2 mm
Nagel hier
eingeklebt.
Kopf abzwicken

Aufstellstab
Ø 8 mm
Länge nach Bedarf

Abb. 6

aufgebogenen Büroklammer in die Bohrung. Wenn Sie den Nagel eindrücken, lassen Sie genügend Spielraum, damit sich die Flügel ganz leicht drehen lassen.

Seien Sie sparsam mit dem Kleber, sonst quillt er Ihnen beim Eindrücken des Nagels wieder aus der Bohrung.

Bei den Modellen mit seitlichen Flügeln vergessen Sie nicht, die Walzen- oder Glasperle dazwischenzugeben, wie auf Abb. 5 zu sehen ist.

Kunterbunte Windspiele

1. Windmühle

Material

- Sperrholz, 8 mm dick, ca. 180 mm lang, ca. 115 mm breit
- Sperrholz, 3 mm dick, ca. 150 mm lang, ca. 90 mm breit
- Vierkantleiste, 12–15 mm im Quadrat, ca. 70 mm lang
- 1 Buchenrundstab, Ø 8 mm, Länge nach Bedarf
- 1 Buchenrundstab, Ø 12 mm, 35 mm lang

- 3 Nägel, Ø 2 mm, ca. 40 mm lang
- Vielzweckkleber für Verbindung Holz und Metall
- Acrylfarben in Rot, Blau, Grün, Gelb und Braun

Anleitung

Gehen Sie nach der Arbeitsanleitung auf den Seiten 7 bis 10 vor. Malen Sie zuerst die grünen und die braunen Flächen aus, nach dem Trocknen die roten und gelben.

2. Zeppelin

Material

- Sperrholz, 8 mm dick, ca. 200 mm lang, ca. 130 mm breit
- Sperrholz, 3 mm dick, ca. 220 mm lang, ca. 110 mm breit
- Vierkantleiste, 12–15 mm im Quadrat, ca. 70 mm lang
- 1 Buchenrundstab, Ø 8 mm, Länge nach Bedarf
- 1 Buchenrundstab, Ø 12 mm, 50 mm lang
- 3 Nägel, Ø 2 mm, ca. 40 mm lang
- Vielzweckkleber für Verbindung Metall und Holz
- Acrylfarben in Rot, Gelb und Violett

Anleitung

Gehen Sie nach der Arbeitsanleitung auf den Seiten 7 bis 10 vor. Beim Bemalen beginnen Sie mit der gelben Fläche, die Sie etwas in die violettfarbene hineinmalen. So erhalten Sie einen schönen Übergang.

3. Sonne mit Wolken

Material

- Sperrholz, 8 mm dick, ca. 220 mm lang, ca. 140 mm breit
- Sperrholz, 3 mm dick, ca. 220 mm lang, ca. 110 mm breit
- Vierkantleiste, 12–15 mm im Quadrat, ca. 70 mm lang
- 1 Buchenrundstab, ⌀ 8 mm, Länge nach Bedarf
- 1 Buchenrundstab, ⌀ 12 mm, 50 mm lang
- 3 Nägel, ⌀ 2 mm, ca. 40 mm lang
- Vielzweckkleber für Verbindung Holz und Metall
- Acrylfarben in Weiß, Blau und Gelb
- 1 wasserfester Filzstift in Schwarz

Anleitung

Gehen Sie nach der Arbeitsanleitung auf den Seiten 7 bis 10 vor. Die Sonne bemalen Sie zuerst, danach die Wolke. Das Gesicht wird nach dem Trocknen mit Filzstift aufgemalt. Wenn Sie die Konturen mit übertragen haben, schimmern die Linien durch.

4. Küken im Ei

Material

- Sperrholz, 8 mm dick, ca. 180 mm lang, ca. 130 mm breit
- Sperrholz, 3 mm dick, ca. 200 mm lang, ca. 90 mm breit
- Vierkantleiste, 12–15 mm im Quadrat, ca. 70 mm lang
- 1 Buchenrundstab, Ø 8 mm, Länge nach Bedarf
- 1 Buchenrundstab, Ø 12 mm, 35 mm lang
- 3 Nägel, Ø 2 mm, ca. 40 mm lang
- Vielzweckkleber für Verbindung Metall und Holz
- Acrylfarben in Gelb, Rot und Violett
- 1 wasserfester Filzstift in Schwarz

Anleitung

Gehen Sie nach der Arbeitsanleitung auf den Seiten 7 bis 10 vor. Malen Sie zuerst das Küken an, danach die Eierschalen. Es folgen der Schnabel und die roten Punkte. Auge und Mund bringen Sie mit einem wasserfesten Filzstift auf.

5. Marienkäfer

Material

- Sperrholz, 8 mm dick, ca. 130 mm lang, ca. 60 mm breit
- Sperrholz, 3 mm dick, ca. 130 mm lang, ca. 90 mm breit
- Vierkantleiste, 12–15 mm im Quadrat, ca. 70 mm lang
- 1 Buchenrundstab, ∅ 8 mm, Länge nach Bedarf
- 1 Buchenrundstab, ∅ 12 mm, 35 mm lang
- 3 Nägel, ∅ 2 mm, ca. 40 mm lang
- Vielzweckkleber für Verbindung Metall und Holz
- Acrylfarben in Rot, Gelb und Schwarz

Anleitung

Gehen Sie nach der Arbeitsanleitung auf den Seiten 7 bis 10 vor. Beim Bemalen beginnen Sie mit den roten Flügeln. Nach dem Trocknen malen Sie das Gesicht und die schwarzen Punkte auf. Zum Schluss bringen Sie das gelbe Auge mit der schwarzen Pupille an.

6. Drache

Material

- Sperrholz, 8 mm dick, ca. 230 mm lang, ca. 190 mm breit
- Sperrholz, 3 mm dick, ca. 220 mm lang, ca. 110 mm breit
- Vierkantleiste, 12–15 mm im Quadrat, ca. 70 mm lang
- 1 Buchenrundstab, Ø 8 mm, Länge nach Bedarf
- 1 Buchenrundstab, Ø 12 mm, 50 mm lang
- 3 Nägel, Ø 2 mm, ca. 40 mm lang
- Vielzweckkleber für Verbindung Metall und Holz
- Acrylfarben in Grün, Gelb und Rot
- 1 wasserfester Filzstift

Anleitung

Gehen Sie nach der Arbeitsanleitung auf den Seiten 7 bis 10 vor. Beim Bemalen beginnen Sie mit den gelben Zacken, es folgt der grüne Körper, dann Zunge, Auge und Ohr. Der Mund wird mit Filzstift aufgemalt.

7. Kakadu

Material

◆ Sperrholz, 8 mm dick, ca. 280 mm lang, ca. 140 mm breit
◆ Sperrholz, 3 mm dick, ca. 220 mm lang, ca. 110 mm breit
◆ Vierkantleiste, 12–15 mm im Quadrat, ca. 70 mm lang
◆ 1 Buchenrundstab, Ø 8 mm, Länge nach Bedarf
◆ 1 Buchenrundstab, Ø 12 mm, 50 mm lang
◆ 3 Nägel, Ø 2 mm, ca. 40 mm lang
◆ Vielzweckkleber für Verbindung Metall und Holz
◆ Acrylfarben in Grün, Gelb, Rot, Blau, Violett und Schwarz

Anleitung

Gehen Sie nach der Arbeitsanleitung auf den Seiten 7 bis 10 vor. Beim Bemalen müssen Sie viele Trockenpausen einlegen. Beginnen Sie mit den Flügeln: roter Untergrund, Gelb, Blau, Violett. Und die Trockenpausen nicht vergessen!
Beim Körper beginnen Sie mit dem Kamm und dem Schnabel. Es folgen Körper, lila, rote und gelbe Feder und zum Schluss das Auge mit Pupille.

8. Ente

Material

- Sperrholz, 8 mm dick, ca. 230 mm lang, ca. 140 mm breit
- Sperrholz, 3 mm dick, ca. 220 mm lang, ca. 110 mm breit
- Vierkantleiste, 12–15 mm im Quadrat, ca. 70 mm lang
- 1 Buchenrundstab, ∅ 8 mm, Länge nach Bedarf
- 1 Buchenrundstab, ∅ 12 mm, 50 mm lang
- 3 Nägel, ∅ 2 mm, ca. 40 mm lang
- Vielzweckkleber für Verbindung Metall und Holz
- Acrylfarben in Blau, Rot und Gelb
- 1 wasserfester Filzstift in Schwarz

Anleitung

Gehen Sie nach der Arbeitsanleitung auf den Seiten 7 bis 10 vor. Den Entenkörper malen Sie zuerst an, nach dem Trocknen den Schnabel und das Auge mit Pupille. Der Mund wird mit wasserfestem Filzstift aufgebracht.

9. Wetterhahn

Material

- Sperrholz, 8 mm dick, ca. 280 mm lang, ca. 210 mm breit
- Sperrholz, 3 mm dick, ca. 220 mm lang, ca. 110 mm breit
- Vierkantleiste, 12–15 mm im Quadrat, ca. 70 mm lang
- 1 Buchenrundstab, ∅ 8 mm, Länge nach Bedarf
- 1 Buchenrundstab, ∅ 12 mm, 50 mm lang
- 3 Nägel, ∅ 2 mm, ca. 40 mm lang
- Vielzweckkleber für Verbindung Metall und Holz
- Acrylfarben in Schwarz, Gelb, Rot, Blau und Grün

Anleitung

Gehen Sie nach der Arbeitsanleitung auf den Seiten 7 bis 10 vor. Beim Bemalen beginnen Sie mit Kamm und Schnabel, es folgt der Körper und danach die Schwanzfedern von oben nach unten. Als letztes malen Sie das Auge auf.

10. Pinguin

Material

- Sperrholz, 8 mm dick, ca. 210 mm lang, ca. 135 mm breit
- Sperrholz, 3 mm dick, ca. 160 mm lang, ca. 90 mm breit
- Vierkantleiste, 12–15 mm im Quadrat, ca. 70 mm lang
- 1 Buchenrundstab, Ø 8 mm, Länge nach Bedarf
- 3 Nägel, Ø 2 mm, ca. 40 mm lang
- Vielzweckkleber für Verbindung Metall und Holz
- Acrylfarben in Schwarz, Weiß, Rot und Gelb
- 2 Walzen- oder Glasperlen
- 1 wasserfester Filzstift in Schwarz

Anleitung

Gehen Sie nach der Arbeitsanleitung auf den Seiten 7 bis 10 vor. Die weiße Fläche malen Sie zuerst an. Nach dem Trocknen folgt der Frack, später Fliege und Schnabel. Das Gesicht wird mit Filzstift aufgemalt.

11. Kuh

Material

- ◆ Sperrholz, 8 mm dick, ca. 230 mm lang, ca. 170 mm breit
- ◆ Sperrholz, 3 mm dick, ca. 80 mm lang, ca. 70 mm breit
- ◆ Vierkantleiste, 12–15 mm im Quadrat, ca. 30 mm lang
- ◆ 1 Buchenrundstab, ∅ 8 mm, Länge nach Bedarf
- ◆ 2 Nägel, ∅ 2 mm, ca. 40 mm lang
- ◆ Vielzweckkleber für Verbindung Metall und Holz
- ◆ Acrylfarben in Weiß, Schwarz, Rot, Gelb, Blau und Grün
- ◆ 1 Walzen- oder Glasperle
- ◆ 1 wasserfester Filzstift in Schwarz

Anleitung

Gehen Sie nach der Arbeitsanleitung auf den Seiten 7 bis 10 vor. Beim Bemalen sollten Sie sich etwas Zeit nehmen, denn Sie müssen viele Trockenpausen einlegen. Beginnen Sie mit dem Weiß des Körpers, es folgen Hörner, Gras, schwarze Flecken, Hufe, Euter, Schnauze, Ohren und Haarschopf. Zum Schluss malen Sie Augen und Nasenlöcher mit schwarzem Filzstift auf. Wenn Sie die Konturen vom Vorlagebogen mit auf das Holz übertragen haben, schimmern sie durch die Farbe durch und Sie müssen sie nur noch nachmalen.

12. Bärchen

Material

- Sperrholz, 8 mm dick, ca. 190 mm lang, ca. 145 mm breit
- Sperrholz, 3 mm dick, ca. 140 mm lang, ca. 50 mm breit
- Vierkantleiste, 12–15 mm im Quadrat, ca. 70 mm lang
- 1 Buchenrundstab, Ø 8 mm, Länge nach Bedarf
- 3 Nägel, Ø 2 mm, ca. 40 mm lang
- Vielzweckkleber für Verbindung Metall und Holz
- Acrylfarben in Braun, Rot, Weiß und Gelb
- 2 Walzen- oder Glasperlen
- 1 wasserfester Filzstift in Schwarz

Anleitung

Gehen Sie nach der Arbeitsanleitung auf den Seiten 7 bis 10 vor. Malen Sie das braune Fell zuerst. Dann ziehen Sie dem Bären die Hose an und malen Augen, Füße und Gesicht auf. Zum Schluss vervollständigen Sie das Gesicht mit Filzstift.

13. Fledermaus

Material

- Sperrholz, 8 mm dick, ca. 240 mm lang, ca. 120 mm breit
- Sperrholz, 3 mm dick, ca. 180 mm lang, ca. 120 mm breit
- Vierkantleiste, 12–15 mm im Quadrat, ca. 70 mm lang
- 1 Buchenrundstab, Ø 8 mm, Länge nach Bedarf
- 3 Nägel, Ø 2 mm, ca. 40 mm lang
- Vielzweckkleber für Verbindung Metall und Holz
- Acrylfarben in Rot, Grau, Violett und Gelb
- 2 Walzen- oder Glasperlen
- 1 wasserfester Filzstift in Schwarz

Anleitung

Gehen Sie nach der Arbeitsanleitung auf den Seiten 7 bis 10 vor. Beim Bemalen beginnen Sie mit den Armen: zuerst die gelben Handschuhe, dann die violetten Arme. Beim Körper fangen Sie mit den grauen Flächen an (auch im Gesicht!), dann folgen rote Stiefel und Maske, gelber Gürtel und Emblem und violetter Mantel und Punkt. Zum Schluss wird das Gesicht mit Filzstift aufgemalt.

14. Biene

Material

- Sperrholz, 8 mm dick, ca. 190 mm lang, ca. 120 mm breit
- Sperrholz, 3 mm dick, ca. 180 mm lang, ca. 120 mm breit
- Vierkantleiste, 12–15 mm im Quadrat, ca. 70 mm lang
- 1 Buchenrundstab, ∅ 8 mm, Länge nach Bedarf
- 3 Nägel, ∅ 2 mm, ca. 40 mm lang
- Vielzweckkleber für Verbindung Metall und Holz
- Acrylfarben in Schwarz, Braun, Gelb, Rot und Weiß
- 2 Walzen- oder Glasperlen
- 1 wasserfester Filzstift in Schwarz

Anleitung

Gehen Sie nach der Arbeitsanleitung auf den Seiten 7 bis 10 vor. Malen Sie zuerst den Körper an, dann die Streifen und den Kopf. Es folgen Fühler und Augen und zum Schluss malen Sie das restliche Gesicht mit Filzstift auf.

15. Raddampfer

Material

- Sperrholz, 8 mm dick, ca. 240 mm lang, ca. 130 mm breit
- Sperrholz, 3 mm dick, ca. 180 mm lang, ca. 90 mm breit
- Vierkantleiste, 12–15 mm im Quadrat, ca. 70 mm lang
- 1 Buchenrundstab, Ø 8 mm, Länge nach Bedarf
- 1 Buchenrundstab, Ø 12 mm, 50 mm lang
- 3 Nägel, Ø 2 mm, ca. 40 mm lang
- Vielzweckkleber für Verbindung Metall und Holz
- Acrylfarben in Weiß, Rot, Schwarz, Grün, Gelb und Blau
- 1 wasserfester Filzstift in Schwarz

Anleitung

Gehen Sie nach der Arbeitsanleitung auf den Seiten 7 bis 10 vor. Beim Bemalen beginnen Sie mit dem Rauch und den grünen Flächen (außer dem grünen Punkt). Dann folgen die roten Flächen.

Malen Sie das Grün und das Rot etwas in die Fläche des Schaufelrades hinein und lassen Sie die Farben gut trocknen.

Danach malen Sie die gelbe Fläche aus. Diese werden Sie 2-mal übermalen müssen, bis die Farbe richtig deckt.

Zuletzt malen Sie den grünen Punkt und den schwarzen Halbkreis aus.

Die Striche auf dem Schaufelrad werden mit schwarzem Filzstift und Lineal angebracht, damit sie gerade werden.

16. Fisch

Material

- Sperrholz, 8 mm dick, ca. 250 mm lang, ca. 150 mm breit
- Sperrholz, 3 mm dick, ca. 240 mm lang, ca. 110 mm breit
- Vierkantleiste, 12–15 mm im Quadrat, ca. 70 mm lang
- 1 Buchenrundstab, Ø 8 mm, Länge nach Bedarf
- 1 Buchenrundstab, Ø 12 mm, 50 mm lang
- 3 Nägel, Ø 2 mm, ca. 40 mm lang
- Vielzweckkleber für Verbindung Metall und Holz
- Acrylfarben in Rot, Grün, Gelb und Blau
- 1 wasserfester Filzstift in Schwarz

Anleitung

Gehen Sie nach der Arbeitsanleitung auf den Seiten 7 bis 10 vor. Beim Bemalen halten Sie folgende Reihenfolge ein: Gelb, Grün, Blau, Auge, Mund. Die Pupille wird mit Filzstift aufgebracht.

17. Schweinchen

Material

- Sperrholz, 8 mm dick, ca. 210 mm lang, ca. 170 mm breit
- Sperrholz, 3 mm dick, ca. 70 mm lang, ca. 60 mm breit
- Vierkantleiste, 12–15 mm im Quadrat, ca. 30 mm lang
- 1 Buchenrundstab, ∅ 8 mm, Länge nach Bedarf
- 2 Nägel, ∅ 2 mm, ca. 40 mm lang
- Vielzweckkleber für Verbindung Metall und Holz
- Acrylfarben in Rot, Gelb, Grün und Rosa
- 1 Walzen- oder Glasperle
- 1 wasserfester Filzstift in Schwarz

Anleitung

Gehen Sie nach der Arbeitsanleitung auf den Seiten 7 bis 10 vor. Beim Bemalen beginnen Sie mit dem Hemd. Malen Sie das Gelb ruhig etwas über den Arm. Dann folgt die Hose und zum Schluss die rosafarbenen Flächen. Ohr und Gesicht werden mit Filzstift aufgebracht.

18. Lokomotive

Material

- Sperrholz, 8 mm dick, ca. 220 mm lang, ca. 210 mm breit
- Sperrholz, 3 mm dick, ca. 380 mm lang, ca. 70 mm breit
- Vierkantleiste, 12–15 mm im Quadrat, ca. 140 mm lang
- 1 Buchenrundstab, ⌀ 8 mm, Länge nach Bedarf
- 1 Buchenrundstab, ⌀ 12 mm, ca. 110 mm lang
- 5 Nägel, ⌀ 2 mm, ca. 40 mm lang
- Vielzweckkleber für Verbindung Metall und Holz
- Acrylfarben in Weiß, Grün, Rot, Blau und Gelb

Anleitung

Gehen Sie nach der Arbeitsanleitung auf den Seiten 7 bis 10 vor.

Den Rauch malen Sie zuerst an, danach folgen die roten Räder. Nach dem Trocknen malen Sie den Lokomotivkörper grün.

Tipp

Wenn Sie die beiden Windräder in unterschiedlichen Farben bemalen, so wie ich es gemacht habe, wird die Lokomotive bunter.